Djento BULOKI MUSUNGU

La Raison d'Espérer

Djento BULOKI MUSUNGU

La Raison d'Espérer

à un avenir meilleur pour la République Démocratique du Congo

Dictus Publishing

Imprint
Any brand names and product names mentioned in this book are subject to trademark, brand or patent protection and are trademarks or registered trademarks of their respective holders. The use of brand names, product names, common names, trade names, product descriptions etc. even without a particular marking in this work is in no way to be construed to mean that such names may be regarded as unrestricted in respect of trademark and brand protection legislation and could thus be used by anyone.

Cover image: www.ingimage.com

Publisher:
Dictus Publishing
is a trademark of
Dodo Books Indian Ocean Ltd. and OmniScriptum S.R.L publishing group

120 High Road, East Finchley, London, N2 9ED, United Kingdom
Str. Armeneasca 28/1, office 1, Chisinau MD-2012, Republic of Moldova, Europe
Managing Directors: Ieva Konstantinova, Victoria Ursu
info@omniscriptum.com

Printed at: see last page
ISBN: 978-3-8473-8640-7

La Raison d'Espérer

à un avenir meilleur pour la République Démocratique du Congo

Par

Djento BULOKI MUSUNGU

Il faut que ça change

PREFACE

« La Raison d'Espérer à un avenir meilleur pour la République Démocratique du Congo » est le thème choisi par l'auteur de cette réflexion, en la personne de Djento BULOKI MUSUNGU. L'intéressé est natif de la commune de Masina, circonscription où il a grandi et y vit jusqu'à ce jour. C'est ainsi que sa recherche tourne autour de ce lieu qu'il prend pour échantillon d'expérimentation de sa vision « Peuple Patron en Démocratie », puisque connu comme sa poche à savoir les différentes autorités municipales qui se sont succédées, l'organisation et le fonctionnement de cette administration municipale, la population, notamment les jeunes avec lesquels il entretient de très bonnes relations. C'est surtout à ces derniers que cette étude est destinée, en leur adressant une sorte d'alerte, un éveil de conscience, les priant de ne jamais se décourager, quelle que soit la situation devant laquelle ils se sont confrontés.

En effet, l'auteur part de sa propre expérience qu'il avait envisagée dès son jeune âge. A ce niveau, il connaitra une série d'évènements politico-socioéconomiques impressionnants, déjà à 4 ans et plus, on peut rappeler certains, les autres ci-dessous sont laissés à l'attention des lecteurs du présent livre :

A/ Activités socio-économiques :

1. Celui-ci entre en conflit avec son père, pour la vérité ;

2. Il accompagna son oncle au palais du peuple où il rencontra pour la première fois le Président MOBUTU, sa joie fut à son comble ;

3. Il réalisa un exploit, car en 2ème année primaire, il écrit sa toute première lettre envoyée à son oncle, commissaire de zone, et obtint un emploi pour son père ;

4. Il créa en 1997, son entreprise, une agence privée de protection d'investigation (APPI) en abrégée, puis agrée en tant qu'expert en investigation près le Tribunal de Kinshasa/Gombe, pour devenir l'Agent Spécial « AS », travaillant sur la protection rapprochée, la collecte des preuves judicaires et diverses informations utiles, les expertises graphologiques, cryptographiques et dactyloscopiques.

*B/ **Engagements Politiques** :*

En l'espèce, c'est aussi en 1997, que Djento BULOKI MUSUNGU fut découvert et recruté par un député national honoraire;
En 2006, il sera candidat député provincial, puis candidat député national pour les élections de 2018 et de 2023.
Abstraction faite de ces recrutements, l'intéressé a beaucoup plus évolué au sein du Mouvement Social pour le Renouveau « MSR » où il a assumé différentes fonctions (Sept), en commençant par le chargé des questions politiques de la section Masina, finalement Rapporteur de la Commission nationale des stratégies électorales, en passant par Président de la Ligue des Jeunes de la Tshangu.

En revue de toutes ces fonctions, l'impression qui se dégage est celle d'affirmer que la quasi-totalité de ses responsabilités politico-socioculturelles avaient d'impact dans la commune de Masina qu'il considère comme étant le berceau, détenteur de la souveraineté à laquelle répond à sa vision « Peuple Patron en Démocratie ».

A l'exception de ces fonctions au niveau national, Djento BULOKI MUSUNGU, a aussi participé aux séminaires et formations des connaissances au travers certaines organisations internationales, notamment auprès du PNUD, NDI-USAID, EISA et à la chambre des représentants de la Belgique.

*En dépit de sa grande disponibilité auprès des personnalités politiques de son coin, personne n'avait pensé le soutenir dans ses ambitions, d'où sa déception passagère et non définitive ; mais pourquoi ? Voilà une question pertinente, qui est l'objet de cette modeste réflexion intitulée « La Raison d'Espérer... ». En Effet, l'auteur appelle la population notamment les jeunes, dans le chapitre intitulé : « **VISION** » à ne jamais se décourager quel que soit les obstacles rencontrés dans la vie car en définitive le « Peuple reste Patron en Démocratie », et un jour, il retournera absolument vers vous vous solliciter pour le choix.*

L'ouvrage sous examen lance une sorte d'interpellation aux différentes autorités politico-administratives et socioéconomiques, de recruter les jeunes sans emploi, lesquels sont bourrés de talents et d'imaginations, susceptibles de contribuer activement au développement durable, non seulement dans leur circonscription électorale, mais aussi et surtout pour le pays.

L'illustration de l'auteur de cette réflexion est patente, l'ignorer serait une erreur fatale de sacrifier l'avenir de toute une génération, sans peut être le savoir ainsi jeter à la « poubelle » leur coach. Car ce dernier est capable de renforcer leur potentiel, leur motivation et les ressources dont disposent tout un chacun, pour la simple raison que Djento BULOKI MUSUNGU possède certains atouts et/ou capacités à mobiliser les bonnes ressources en fonction de l'objectif visé, en rassemblant la population dans des actions de développement durable et harmonieux pour la RDC. Cas des activités projetées dans le cadre de « L'Asbl Grand Masina » où il est le Coordonnateur.

Ainsi, dans sa vision, l'auteur épingle certains faits sociétaux désagréables qui ont élu domicile dans la Ville Province de Kinshasa, en s'interrogeant je cite « Comment impliquer la population pour l'éradication du phénomène Kuluna, de l'Insécurité, de l'insalubrité, de la nuisance sonore ainsi que d'autres préoccupations collectives qui mettent quotidiennement en mal la paix sociale », fin de citation. Il est toujours à la quête des solutions, non seulement pour la commune de Masina, mais aussi pour le pays.

Dr. Mafelly Mafelly Makambo

Professeur Ordinaire

SOMMAIRE

REMERCIEMENTS

REMERCIEMENTS

Dieu existe pour de vrai. Au nom de Jésus-Christ, nous sommes reconnaissants pour ces capacités qu'Il a mises en nous et les circonstances en notre faveur.

Djento BULOKI MUSUNGU (Mongali). Né à Kinshasa, le 05 mai 1972, un vendredi. Études de droit et de criminologie. Fils d'Emmanuel BULOKI MUSUNGU qui nous a laissé quelques paroles avant de rendre l'âme le 21 novembre 2009, et de Georgine MUNGENGA LELO, une femme forte. Père d'une fille, Cindy IYELA MUSUNGU et de deux garçons, Brad MATONDO MUSUNGU et Clive AKATSHI MUSUNGU, tous fiers de leur papa qui les conseille toujours que ce qui compte dans une vie, c'est d'avoir une meilleure activité lucrative viable ainsi qu'une bonne épouse compréhensive.

Grand merci à tous ceux qui ont, de loin ou de près, contribué à notre éducation. Surtout, à notre famille biologique en dépit de notre douleur pour avoir perdu le 17 mars 2001 notre jeune frère bien-aimé, Guelord BULOKI MATONDO. Nous en profitons pour rendre hommage à notre défunte épouse, Annie AKATSHI KOMBE Dembo, décédée le 15 mars 2010. Paix à leurs âmes et à tous ceux qui nous ont été très proches.

Nos remerciements à ceux qui supportent parfois nos erreurs ou le côté difficile dans notre caractère, particulièrement notre conjointe, Virginie MWAKU KAMBA, et tous les membres du Directoire de notre organisation « Grand Masina asbl ».

Nous ne manquerons pas de remercier ceux qui nous ont toujours soutenu et encouragé dans nos activités, spécialement l'Ingénieur Emmanuel MUNTU N'LOSI, le Professeur Mafelly Mafelly Makambo, le Maitre Maluwa Billy CLEOPHAS, le Comptable Christophe MUKANU LUTUMBA, le Directeur Diderick BOLOKO KATUNDU, le Médecin Cabral MBO NSELE, le notable MAVINGA DOMI Daniel.

Merci à tous nos éventuels lecteurs.

AVANT-PROPOS

AVANT-PROPOS

C'est l'éveil de la conscience qui donne la lumière sur toute chose. Dans l'obscurité, le Congolais épuisé par ses pasteurs, ses politiciens, plonge dans la quête perpétuelle de l'espoir.

Ce livre sans ordre chronologique et hors du conformisme dans notre style, une mémoire concentrée, retrace quelques aspects d'une histoire personnelle ainsi que des pensées propres, mieux, étale une partie de notre vie et nos idées politiques au regard d'une perception globale du quotidien en République Démocratique du Congo, notre Pays. Pourquoi pas notre thèse répondant de manière concise à la problématique : « **Quelle solution durable pour l'émergence d'un Congo prospère et puissant?** ».

L'objectif de cette publication est de participer à la réflexion nationale visant à clarifier la condition collective vers un changement des paradigmes, d'autant plus qu'après ce constat décevant que notre classe politique a vidé la nation de ses valeurs morales et trahi son prestige depuis 1960, une nouvelle direction s'impose.

Notre espoir repose désormais sur notre capacité d'agir collectif tout en rendant témoignage de l'intelligence suprême de Dieu dans sa bonté car comprendre le pourquoi de toutes les ressources naturelles que regorge notre patrie selon la volonté du Créateur, reste fondamental.

Notre pays a vécu divers pourparlers politiques, de succession des lois fondamentales, des rebellions, de scènes des pillages, des assassinats politiques-martyrs, des élections bâclées, des agressions étrangères, il semble qu'aucune leçon sérieuse n'a été tirée au vue de la situation sociale du plus grand nombre, qui ne fait que se dégrader en dépit des riches terres disponibles, où coulent à flot le lait et le miel pour améliorer la qualité de vie des Congolaises et des Congolais.

Le désordre politico-socio-économique, bat son plein parce que les conditions en sont favorables. Si donc, nous n'arrivons pas à remplacer ces conditions favorables à la manipulation politicienne ouverte, à la recrudescence farouche de la criminalité généralisée, à la corruption ostensible et à l'impunité, par celles qui offrent à tous des chances égales de vivre honnêtement, de mener une vie respectable, c'est faire des gros bisous au chaos. La responsabilisation citoyenne est la seule stratégie jamais essayée jusqu'ici comme thérapie phénoménale. Que l'obscurité cède la place à la lumière. En tant que nation, notre société n'est pas encore construite parce que sa fondation, conscience nationale, peine à être posée. Notre pays a besoin d'une vision, claire et structurée, venant de n'importe quel Congolais. Et les personnes ayant de l'expertise, de la technicité, nombreux d'ailleurs parmi nous, vont être mises à contribution pour faire décoller véritablement notre pays.

Il faut se donner une raison réaliste d'espérer !

INTRODUCTION

INTRODUCTION

Décidément, des capacités ont été développées et un caractère forgé, une vision bien alimentée par un certain nombre d'évènements. C'était parti de mon enfance d'ailleurs, quand à l'âge de quatre ans, j'ai fait arrêter mon père par des gendarmes en disant la vérité qu'il était dans la chambre pendant que ses instructions étaient contraires. A cinq ans, conduit par mon oncle Sylvain YAMFU MBUMI KABEMBA, alors commissaire de Zone (Bourgmestre) de la Commune de Masina, pour assister au congrès du Mouvement Populaire de la Révolution, MPR, parti politique unique au Zaïre, au Palais du Peuple, j'ai été émerveillé par cette immense salle où je vis pour la première fois le Président MOBUTU SESE SEKO en personne. C'est en deuxième année des études primaires que j'ai eu à rédiger ma première lettre adressée à cet oncle Commissaire de Zone et cela a permis à mon père avec qui je vivais sans ma mère, d'obtenir un emploi. Le souci de voir mon père et mon enseignant de cinquième année des études primaires ensemble pour échanger autour de mon avenir, m'avait amené à leur organiser un certain dimanche, une rencontre inopinée chez nous à la maison, après avoir dit à chacun d'eux que l'un souhaitait rencontrer l'autre et vice versa, cela avait marché parfaitement. À cause d'une jalousie autour de ma paire de bottines, très jeune sportif, abandonner le football a été le choix opéré, comme l'injustice sociale et un comportement Cléopâtre de la patronne m'avait poussé à quitter librement mon poste de gérant des chambres-froides à trois reprises d'ailleurs, encore que travaillant souvent pour la famille, maternelle tantôt paternelle, un jour une amie, Angel NGALULA TUBADI TSHANDA qui tirait aussi avantage de ce job, m'avait surpris par son conseil de frayer ma propre voie à la place de ce genre d'emploi familial. C'était une révélation non attendue mais je m'étais mis, et contre vents et marées, l'objectif a été atteint.

En 1997, je montai mon entreprise, Agence Privée de Protection et d'investigations « APPI » en sigle, après m'être fait agréer comme expert en investigation près le Tribunal à Kinshasa/Gombe, laquelle organisation commerciale transmuta quelques années plus tard à l'Agent Spécial « AS » pour des missions privées d'enquêtes et recherches, de protection rapprochée, de collecte des preuves judicaires et autres informations utiles, des expertises graphologiques, cryptographiques ou dactyloscopiques ; ce qui m'approcha de la politique depuis que je fus découvert puis recruté par monsieur Moussa KALEMA SANGOLO ZAKU.

Candidat député provincial aux élections générales de 2006, candidat député national à celles de 2018 et 2023. J'ai évolué plus au sein du Mouvement Social pour le Renouveau « MSR » de feu Pierre LUMBI OKONGO, où j'ai assumé les fonctions ci-dessous entre 2009 et 2018 :

1. Chargé des questions politiques de la section Masina.

2. Vice-président de la section Masina

3. Rapporteur de la ligue des jeunes de Kinshasa

4. Président de la ligue des jeunes de la Tshangu

5. Rapporteur de la commission d'études et stratégies de Kinshasa

6. Rapporteur adjoint de la fédération de Kinshasa

7. Rapporteur de la commission nationale des stratégies électorales

Dans mon parcours, plusieurs séminaires de formation et échanges politiques organisés par des institutions et structures internationales notamment le PNUD, NDI-USAID, EISA et la chambre des représentants de la Belgique pendant que j'assistais parlementairement une députée nationale en 2008, Madame Kathy MATONDO MAYALA, auxquels j'ai participé, sont à noter.

En 2015, j'ai travaillé comme assistant du directeur de cabinet choisi par le ministre lui-même que je remercie en passant, Monsieur Dieudonné BOLENGETENGE BALEA, alors ministre national des affaires foncières.

Il m'était arrivé le jour de réfléchir exceptionnellement sur une question essentielle suivante, qui me taraudait le crâne : Pourquoi quelques ainés que j'ai eu à servir avec abnégation, ne m'aidaient pas à avancer ? Ne m'offraient pas d'opportunités ? Tablant sur quatre d'entre eux, qui m'avaient pris un temps considérable et de l'énergie à les accompagner chacun à sa période, j'ai eu l'impression d'être comme une orange à vider le jus puis jeter sur la rue. Après avoir compris que je suis sur une route la moins fréquentée, une autocritique sévère m'amena à la conclusion que ma vie nécessitait un encadrement spirituel sérieux. Dieu, à travers notre frère Ricky MBANGALA, décédé, m'orienta vers un Pasteur, le Docteur Patrice FUMUMBA d'heureuse mémoire, avec qui des vibrants échanges et conseils précieux concernant ma vie et mes idées politiques, ont été observés.

En effet, c'est inspirant de toucher le fond, vivre une adversité tragique puis se relancer. C'est en 2009 que nous avons créé avec quelques amis l'association INTELLIGENTSIA, définie comme cadre de réflexions et d'actions des jeunes aux idées du changement, laquelle m'avait aussi servi pour des publications de mes réflexions couchées sur papier, multipliées et distribuées à travers Kinshasa. Et en 2010, le titre de ce livre, la Raison d'Espérer, me traversa l'esprit. J'ai alors commencé à rassembler les morceaux sur les détails de la vision, Peuple Patron en démocratie, avec conviction d'être lu un jour, jusqu'à ce que le support approprié, Grand MASINA asbl dans sa stratégie de responsabilisation citoyenne, la commune de MASINA pris pour centre d'impulsion du changement, a été mis sur pied.

Les épreuves taillent l'esprit de l'homme, taillent une nation sur la mesure de ce que l'on doit être, de ce que l'on est vraiment. Les épreuves forgent l'esprit pour saisir la gloire qui se cache derrière. C'est ma philosophie que les difficultés, les échecs enregistrés sur le chemin des objectifs fixés, peuvent être des signaux clairs que l'on se trouve sur la voie du succès si et seulement si le combat vise une cause juste.

Des nombreuses études dans divers secteurs de la vie nationale de notre pays ont été menées ; faute d'exécution, nous stagnons avec une démographie toujours galopante, et la nation ne peut que sombrer socialement. De mon point de vue, la bonne réponse est à fouiller dans la **personnalité du Congolais**, comme ces phrases qui ont retenu de manière soutenue mon attention particulière, en disent long : le Président Laurent Désiré KABILA disait « Organisez-vous et prenez-vous en charge », comme si lui-même savait qu'il ne sera pas là pour le faire mais avait bien compris comment fonctionne le monde politique sur la scène internationale. Le Président Joseph KABILA KABANGE regrettait de n'avoir pas parvenu à changer l'homme congolais, comme quoi il avait aussi compris que c'était cela le point de départ du vrai développement. Et au Président Félix-Antoine TSHISEKEDI TSHILOMBO de s'étonner : « Je ne comprends pas pourquoi des gens meurtris, affamés, frappés par le chômage et tous genres de calamités, chantent à notre gloire alors qu'ils devraient nous exiger plus comme c'est le cas en occident », lui encore a compris que le problème c'est le Congolais. Pour la RDC, jusqu'à preuve du contraire, nous sommes un **Peuple-Obstacle** à son propre bonheur du fait que notre inconscience nationale et attitude collective non favorable au développement, ne semblent plus à démontrer.

Du moment où en Février 1885 fut organisée par le chancelier BISMARK, la conférence de Berlin, afin d'établir les règles qui devaient présider à la colonisation de l'Afrique sans les Africains bien évidemment. Et l'acte général de cette conférence avait déclaré exceptionnellement le bassin du fleuve Congo, neutre, par des puissances occidentales dont les U.S.A, la Russie, la Grande Bretagne, l'Allemagne, la France, la Belgique et les huit autres nations qui décidèrent l'existence de l'État Indépendant du Congo (E.I.C) dont le territoire correspond justement à celui de l'actuelle République Démocratique du Congo (R.D.C). Ainsi, dire que notre pays a vocation d'être une puissance du fait de sortir des entrailles de puissances comme État dans ses frontières, aux termes de son potentiel en ressources naturelles que la conscience du peuple dans ses responsabilités, ne suit pas encore.

Tout bien considéré, face à un malheur, la meilleure question est de savoir : Quelle est votre responsabilité dans ce qui vous arrive ? Cela assurément vous permet d'analyser la situation sans état d'âme pour prévenir l'avenir. La faim étant une punition spirituelle infligée à un peuple naïf, refuser la pauvreté c'est devenir réfléchi, point de départ du changement vers un développement durable. « Ne cherchons pas loin, concentrons-nous là où nous pouvons réussir et agissons. ».

Lorsque vous constatez qu'une personne devrait rendre un service précis mais ne le fait pas correctement, et que vous vous sentez en mesure de mieux le faire pour l'intérêt général, dites-vous que c'est votre place, c'est vous qui êtes appelé à remplir cette tâche, pas lui. Donc, foutez-lui la paix et trouvez le moyen de vous mettre au travail illico.

Nous sommes appelés à relever des défis : JE LE FAIS AVEC L'AIDE DE DIEU, d'où ma mission de responsabiliser le peuple congolais.

Si ma raison d'espérer a été dans la capacité à opérer des choix dans des contextes difficiles mais avec foi pour mon bien futur me procurant du respect et de l'utilité au sein de ma communauté. Je suis persuadé que la raison d'espérer d'un peuple qui aspire à un avenir radieux réside dans sa liberté de choix collectif de la justice sociale, sa capacité à soutenir l'État.

D'ailleurs, Alexis de Tocqueville dans sa thèse écrivit : « La passion dominante des sociétés modernes est celle de l'égalité ». Et Joseph de Maîstre, de dire : « Toute nation a le gouvernement qu'elle mérite ».

VISION

VISION

Un rêve cible une position personnelle mais une vision cherche à résoudre une condition communautaire. La vision est le reflet d'un don spécial à fouiner en soi-même, une idée susceptible de résoudre un problème épineux au sein d'une société donnée. Ce qu'est un talent pour une mission. Cela arbore une inspiration et sa compréhension. Donc, bien observer la nature et tout ce qui se passe autour de nous, rester clairvoyant dans l'analyse des situations, livrent des secrets sur ce que nous sommes en réalité, ainsi que notre apport attendu pour le bien de tous. Plus on réfléchit, plus les idées se déchainent.

Avant d'aborder la quintessence de notre vision, **Peuple Patron en Démocratie**, une trilogie qui nous rappelle quand même les définitions suivantes selon le dictionnaire français LIVIO :

- **Démocratie** : Un régime politique dans lequel la souveraineté appartient au peuple.
- **Souveraineté** : Autorité suprême.
- **Peuple** : Ensemble des personnes soumises aux mêmes lois et qui forment une nation.
- **Nation** : Groupe humain assez vaste, qui se caractérise par la conscience de son unité et la volonté de vivre en commun.

- **Pouvoir** : La capacité dévolue à une autorité ou à une personne, d'utiliser les moyens propres à exercer la compétence qui lui est attribuée soit par la loi, soit par un mandat.
- **Gouvernement** : L'organe politique qui exerce le pouvoir exécutif d'un État.
- **État** : Désigne les institutions fonctionnant sur un territoire.

En effet, nous considérons que la démocratie qui tire sa substance de la liberté, confère au peuple une souveraineté déjà naturelle, le pouvoir, l'autorité suprême sur son pays, une responsabilité à ne pas remettre en cause sous aucune autre forme de procès.

Démocrate que je suis, de doctrine politique «**fondamentaliste-progressiste**», dans ce sens qu'il est possible de maintenir l'équilibre naturel tout en évoluant dans les domaines indispensables au développement durable de nos pays pour le bien du monde.

Il aurait fallu creuser davantage pour découvrir la pierre sur laquelle cimenter harmonieusement la vision que nous estimons être l'idée rationnellement prouvée, mise sur la table des solutions offensives contre le non décollage de notre pays, la République Démocratique du Congo.

Abraham Lincoln avait dit : « Sans la Bible, nous ne pourrions savoir ce qui est juste ou ce qui ne l'est pas. Toutes les choses les plus désirables pour le bonheur de l'homme, ici-bas et au-delà, y sont dépeintes ». Et Wallace C. Speers : « La démocratie n'est rien d'autre qu'une tentative d'appliquer les principes de la Bible à la société humaine ».

Il s'avère limpide que les versets bibliques ci-après constituent cette pierre des vérités où la responsabilité, l'action du peuple (habitants de la terre), est mise en exergue :

1. I Samuel 8 :7 : L'Éternel dit à Samuel : Écoute la voix du peuple dans tout ce qu'il te dira ; car ce n'est pas toi qu'ils rejettent, c'est moi qu'ils rejettent, afin que je ne règne plus sur eux ;
2. Daniel 4 : 35 : Tous les habitants de la terre ne sont à ses yeux que néant : il agit comme il lui plait avec l'armée de cieux et avec les habitants de la terre, et il n'y a personne qui résiste à sa main et qui lui dit que fais-tu ;
3. Osée 4 : 1 : Écoutez la parole de l'Éternel, enfants d'Israël. Car l'Éternel a un procès avec les habitants du pays parce qu'il n'y a point de vérité, point de miséricorde, point de connaissance de Dieu dans le pays ;

4. Proverbes 29 : 2 : Quand les justes se multiplient, le peuple est dans la joie, quand le méchant domine, le peuple gémit ;
5. Ecclésiaste 5 : 8 : Un avantage pour le pays à tous égards, c'est un roi honoré du pays.

Étant donné que dans une démocratie, le peuple a le devoir d'élire des gens pour le représenter politiquement, il a par voie de conséquence, le droit de refuser une méchante ou égoïste manière d'être gouverné. Par contre, une dictature ou un pouvoir autocratique, autoritariste conduira ipso facto à une révolution civile, manifestation de la souveraineté naturelle du peuple, autant pour neutraliser un hold up électoral.

Charles-Louis Segondat Baron de Montesquieu disait que « pour qu'on ne puisse abuser du pouvoir, il faut que, par la disposition des choses, le pouvoir arrête le pouvoir ». Certainement il l'avait dit dans le cadre de la séparation des pouvoirs institutionnels. Ainsi, nous pensons, puisque le salut du peuple reste la loi suprême dit-on, qu'il n'y a que le pouvoir de ce peuple qui peut efficacement arrêter le pouvoir des politiciens pour ne pas paraphraser le général Charles DE GAULE « Politichiens ».

Le but de la démocratie étant aussi la mise en place des mécanismes de gestion transparente de la chose publique, un peuple éveillé influence forcement la Res publica. Ce qui suscite l'émergence de l'intelligence nationale, une vigilance défiante quant aux choix pour l'avenir. Renforçant dans les faits, la capacité d'action du peuple, toujours prêt à mettre les gouvernants dans une position d'incertitude personnelle afin de leur arracher la volonté nécessaire sur les décisions autour des questions sociales essentielles.

La démocratie libère les esprits intelligents susceptibles d'apporter le changement dans une société vers son développement. Comme la vision d'un leader se situe au-delà du temps, son regard perce des murailles, la politique dispose donc des moyens énormes à mettre au service de l'amour du prochain, construire durablement l'espoir car avec une seule idée, l'opportunité peut être offerte à beaucoup de gens de mieux résoudre leurs problèmes par eux-mêmes. Une intelligence qui dirige ne cherche pas à tout entreprendre à la fois, plutôt à identifier et travailler sur ce qui pourrait enclencher l'atteinte de plusieurs objectifs de développement global.

Par ailleurs, la plus grave erreur qu'un peuple puisse commettre est celle d'attendre longtemps le résultat que doivent lui produire ses dirigeants. De croire que les politiciens feront tout pour lui sans lui. Un employeur ne doit-il pas surveiller à tout bout de champs qu'une tâche confiée à un ouvrier soit bien remplie ?

Les économies des nations en péril parce que la politique a failli suite à l'avidité des animateurs des institutions publiques. Les dirigeants se servent mutuellement d'ailleurs, au détriment de leurs populations qui ne récoltent que la misère. Qui est alors souverain tel quel stipulé dans nos lois fondamentales, le peuple ou le dirigeant ? Si nous ne parvenons pas à rendre au peuple son pouvoir, à l'aider à l'exercer avec objectivité, nous ne pouvons avoir un avenir qui rassure tout le monde. L'attitude du peuple demeure alors la clé. Toutes les manœuvres de confiscation du pouvoir du peuple à l'instar de s'octroyer une sorte de légitimité apparente en s'entourant des leaders sociaux ou en distribuant des dons en permanence aux populations qu'on prive du nécessaire, ne fera qu'exacerber la colère populaire. Tant que le gouvernant pense qu'il s'est imposé pour diriger, il ne respectera pas le peuple et fera ce que bon lui semble, ainsi la peur du demain que crée l'injustice sociale poussera le citoyen dans le retranchement de l'égoïsme, avec toutes les conséquences d'obnubilation mentale.

La corruption, les détournements des deniers publics nuisent à l'économie qui asphyxie le social tout en facilitant la vie de malhonnêteté, de mendicité collective, de paresse nationale car cela affecte toutes les couches de la société. Pourtant, personne au fond n'est fier de lui dans un tel vécu quotidien. Oui, le grand enjeu du monde d'aujourd'hui tourne autour des finances, même si l'argent cause des guerres entre nations, divise des peuples, fragilise des familles mais on peut aussi en gagner par des moyens respectables sans tourmenter sa conscience ni se priver du vrai sens du bonheur, étant attendu que c'est quand on est en difficulté qu'on devient plus écoutant ; or la faim c'est aussi une difficulté. Donc, ventre affamé doit avoir d'oreilles pour écouter, où il peut trouver à manger.

Nous présentons ici, à l'opinion tant nationale qu'internationale, la nouvelle direction que notre pays, la République Démocratique du Congo, doit désormais prendre : **L'Éducation Intelligente**, offre politique du développement durable, laquelle procède de la réhabilitation de la responsabilité d'un père au foyer, d'un enseignant de l'école primaire pour impulser une discipline tous azimuts devant renforcer l'autorité de l'État du fait que nos enfants, nos jeunes apprennent à obéir, à respecter les règles établies déjà au niveau de la base. La seule stratégie pour y atteindre, est de mettre ces responsables dans les meilleures conditions possibles de résoudre de façon significative les problèmes sociaux fondamentaux des enfants sous la vigilance des lois élaborées en tenant compte de nos bonnes manières de vivre ensemble. Aucune puissance étrangère n'empêchera le Parlement Congolais des initiatives accompagnées par le Peuple roi ou souverain.

Nous estimons que c'est à ce stade que le pouvoir politique en toute conscience de redevabilité, prendra ses responsabilités d'honorer ses charges et préparer le peuple à être toujours en mesure de défendre et protéger la nation, soutenir avec lucidité les politiques publiques d'intérêt général bien compris. Sachant que, le fait d'habiter un coin de la République Démocratique du Congo, engage la responsabilité de chaque citoyen dans tout ce qui pourrait advenir, de bon ou de mal, dans cette contrée. Cessons de nous foudre d'autant plus que nul d'entre nous à Kinshasa, par exemple, n'est à l'abri des conséquences néfastes auxquelles nous sommes exposés au jour le jour notamment de l'insécurité de plus en plus grandissante, de l'insalubrité source des maladies nous faisant dépenser financièrement, des embouteillages causant divers torts à notre temps et affaires. Nous impliquer pour la justice sociale devient la meilleure preuve de prise de conscience du changement pratique des mentalités.

La démarche du changement pour accéder au développement durable nécessite un premier pas décisif à faire par le peuple, d'où l'audacieuse question : « ***Comment élever le niveau de compréhension de la population sur sa responsabilité primordiale telle que nous l'avons décrit ci-haut afin qu'elle s'implique activement à la quête du bonheur collectif ?*** ». Ceci devrait être la préoccupation majeure des acteurs politiques et leaders sociaux de notre pays, voire de l'Afrique.

Nous avons compris qu'il y a lieu de commencer quelque part. Grand MASINA Asbl a été créé pour inciter la population à appréhender l'importance de son implication conséquente et son appropriation des principes de la démocratie dans son rôle citoyen d'exercer son pouvoir qui fait que le peuple engage les politiques à travers son vote électoral, les paye par ses versements des impôts et taxes au trésor public en tant contribuable, donc devrait les contrôler grâce aux pressions citoyennes pour aboutir à cette justice sociale. Nous ne faisons que montrer la voie que le peuple, sans mot d'ordre des politiciens, peut revendiquer ses droits sans casse, à l'instar des propositions faites aux autorités politiques et policières compétentes sur les préoccupations dont les plus récentes à l'Assemblée Provinciale de Kinshasa, de réunir des associations sans but lucratif ayant opinion sur rue dans les communes de la Ville-province autour de la suivante thématique : « **Comment impliquer la population pour l'éradication du phénomène Kuluna, de l'insécurité, de l'insalubrité, de la nuisance sonore ainsi que d'autres préoccupations collectives qui mettent quotidiennement en mal la paix sociale ?** », et l'issue de la rencontre « **TOZA BAZOBA TE »,** autour d'une sorte d'évaluation sur l'utilité de notre bourgmestre après ces vingt-deux mois à la tête de notre municipalité.

Une observation soutenue nous a aidé à entrevoir combien la jeunesse souffre et réclame le changement ; réclame en fait l'emploi étant attendu que la vie sociale précaire désarçonne la famille pour désintégrer l'État. Du coup, fait passer à une anomie généralisée d'où un piquant désespoir. Sans le travail, personne ne peut se développer, même pas un pays.

Pourquoi alors continuer avec des pratiques politiques qui n'ont rien donné ? Sinon la preuve que nous avons l'intelligence obscurcie pendant que le désordre social visible fait son ravage.

Notre vision, **Peuple Patron en Démocratie**, est la raison d'espérer à la justice sociale. Une caution pour un avenir rassurant, du fait que le Citoyen Congolais devient conscient de sa responsabilité de **soutenir l'État** pour:

1. Doter la nation des animateurs politiques de qualité ;
2. Exiger des autorités publiques le strict respect des lois par tous ;
3. Participer activement aux efforts de développement et de paix sociale collective.

En fait, par la responsabilisation citoyenne, nous y parviendrons une fois que le peuple s'aperçoit qu'à travers cette démarche il a la possibilité d'être apaisé dans ses préoccupations, assisté dans ses difficultés et ses revendications rationnellement prises en compte, étant donné que la paix intérieure individuelle en dépend, vue des réponses réservées aux besoins essentiels de chacun.

Loin sans faux, qu'atteindre une telle dimension de prise de conscience nationale, autorise notre pays à disposer des acteurs politiques à la hauteur des enjeux face à des partenaires internationaux à double vitesse d'intérêts que seule notre intelligence stratégique pourrait accommoder avec sagesse en manœuvrant sur leurs faiblesses.

Nous affirmons qu'avec l'arme redoutable « **Bon Dirigeant** », nous nous débarrasserons de l'obstacle « **Immoralité** » pour combattre efficacement l'ennemi « **Pauvreté** » afin d'atteindre l'objectif « **Bien-être de tous** ». Ensuite, nous devons réhabiliter nos valeurs morales en restaurant l'autorité de l'État par la rigueur de la loi. Cela dit, il revient d'abord au peuple de donner au pays ces bons dirigeants (Arme redoutable). Puis, à ces derniers (dirigeants) d'amener tout le monde au strict respect de la loi dans une perspective qui consiste à exciter le développement durable à partir d'une éducation intelligente de la population basée effectivement sur des valeurs morales non seulement intrinsèques mais aussi adaptées aux réalités mondiales, ce qui n'est pas mirifique. Un peuple responsabilisé, engendre des dirigeants responsables, encore que la valeur d'un peuple se reflète dans le comportement de ses dirigeants, et qu'un gouvernement s'évalue de prime à bord par rapport à sa capacité à appliquer et faire appliquer les lois. Il est donc du devoir sinon de l'obligation du souverain primaire, d'élire des personnes qui affirmeront sa valeur et ses attentes les plus profondes, aussi, des parlementaires de dialogue social permanent.

Comme l'autodiscipline, un des éléments importants du développement personnel, la discipline dans une société tend à produire un résultat similaire. C'est pourquoi l'éducation intelligente ne peut que conduire à cette discipline, pour se transformer en principes cohérents d'une culture encourageant la cohésion nationale. La politique sensée doit se faire encadrer par le respect des règles de Droit, sinon c'est la jungle.

Aux jeunes !

La jeunesse est l'espoir de demain. De quoi parle-t-on, si l'on ne sait pas introduire dans ce présent une bonne qualité d'un meilleur avenir ?

Nous avons un pays dont les institutions publiques sont à « **PATRIOTISER** », le peuple à « **CITOYENISER** » et la vie politique à « **DÉMONNAYER** ». Ce qu'il y a dire aux jeunes c'est d'arrêter de se contenter des slogans et passer à l'action. Les jeunes sont appelés individuellement, dès à présent à accomplir la permanente mission de « **DIRE** » à chaque Congolais qu'ils croisent partout où ils peuvent se trouver :

« Tu n'appartiens à personne sauf à ta propre conscience. Tu es patron quant à la gestion du pays. Et, tu dois agir en conséquence pour l'intérêt général »

Indiquant la nouvelle direction, nous avons déjà posé des actes à suivre, à mener des actions incitant chacun à s'impliquer par ses réflexions, sa capacité de mobilisation ou sa cotisation de responsabilité citoyenne à l'instar de l'action SUKA KUNA, où il a été question de protéger l'électorat de la Tshangu aux élections de 2023 contre les candidats non habitants de cette circonscription électorale de Kinshasa. La dépolitisation du marché de la Liberté pour permettre à notre municipalité de MASINA à recouvrer ses droits financiers pour faire face aux multiples difficultés de la population notamment la construction de la morgue sociale de la Liberté. SUNGA MBOKA où la population et quelques structures communales doivent s'organiser aux côtés des chefs des quartiers respectifs contre le Kuluna, l'insécurité, l'insalubrité et autres fléaux. Il ne manque que la participation explosive des Congolais qui estiment avoir droit à une vie respectable sur le sol de leurs ancêtres.

SUNGA MBOKA c'est soutenir l'État, début d'un processus d'éveil de conscience collective, des activités d'entrainement pour un changement effectif, dans le sens que la population s'organise comme un seul homme contre tout ce qui trouble sa quiétude de façon directe, et se prépare pour des objectifs de haut niveau, notamment les élections générales, les agressions étrangères injustifiées ou toute forme d'injustice sociale.

CONCLUSION

CONCLUSION

À force de rester longtemps dans les ténèbres, peut entamer la crainte de la lumière. Notre culture de dépendance naïve, d'appartenance croquignolesque aux gens qui se comportent en chef coutumier dans une démocratie, demeure rédhibitoire à notre éclosion. Le peuple congolais, l'Africain, doit forcément changer sa façon de voir les choses en prenant sa place de patron face à ses employés, ses serviteurs politiques. Sous la pression du ventre, la population affamée devra exercer une pression objective sur ses élus politiques qui feront autant à leur tour sur les gouvernements respectifs (central ou provinciaux), leurs émanations, afin que le peuple puisse trouver son compte. Il y a une grande redevabilité des autorités politico-administratives. La classe politique RD Congolaise a tellement menti au Peuple qu'il a fallu que le pouvoir politique tombe entre les mains de l'opposition radicale pour que finalement des vérités émergent à la surface comme une lumière qui s'éclate en pleine nuit. Est-ce que la Population s'en est aperçue ? Autant la Justice qui élève une nation prend son envol dans le respect des lois par les dirigeants politiques, étant donné que la Justice c'est aussi de dire le Droit, tributaire de l'application des lois.

Humblement, ce ne sont pas de gros diplômes obtenus des grandes écoles qui changeront les choses dans notre pays, plutôt une vision structurée pouvant orienter l'action collective de tout un peuple. « Quand le peuple a peur du gouvernement, c'est la tyrannie. Mais quand un gouvernement a peur du peuple, c'est la liberté » (cfr. Confucius).

Aujourd'hui, nous avons une classe politique à remplacer, qui nous a distribué de l'argent ou des t-shirts envoutés pour nous abrutir, nous endormir. Peut-être pour leur expérience, garder certaines têtes, utiles au sénat où elles seront moins dangereuses. L'heure de nous réveiller a sonné. Nous n'avons peur de rien parce que nous ne commettons aucune infraction en manifestant notre désarroi. Nous allons tout simplement communiquer et mobiliser le peuple pour le bonheur collectif. Partout où nous puissions être, notre mission spéciale est d'encourager l'émergence d'une nouvelle classe politique responsable.

Un peuple en paix travaille mieux pour bien se nourrir puis s'éduquer. Raison pour laquelle notre action politique s'articule prioritairement sur ces trois axes : La sécurité, l'agriculture et l'éducation. Toutes, secteurs créateurs d'emploi pour les jeunes.

Le développement durable ne peut voir le jour en République Démocratique du Congo sans que le changement n'intervienne en premier. Pour notre pays, le peuple doit se résoudre à priori de prendre ses responsabilités, principalement celle de doter l'État des animateurs politiques conscients des enjeux, capables d'imposer la rigueur de la loi à tous, en vue de permettre entre autres la protection des finances publiques susceptibles de mettre les Congolaises et Congolais au travail par un investissement conséquent dans des secteurs-créateurs d'emplois de masse, en particulier pour les jeunes, facilitant de ce fait la réalisation de l'éducation intelligente pour amener tout un peuple à la conscience nationale, socle sur lequel bâtir un Congo prospère et puissant, où les citoyens savent soutenir l'État, **SUNGA MBOKA**, ainsi constituer une véritable base arrière de défense des intérêts vitaux de la République.

L'enthousiasme devant susciter l'espoir se générera raisonnablement sur cette capacité d'une action populaire spontanée. Les dispositions des articles 5, 64 et même 149 de notre Constitution de la République, consacrent un fondement extraordinaire à la vision, **Peuple Patron en Démocratie**, ainsi par la responsabilisation citoyenne, nous avons la stratégie de rendre effectivement le pouvoir au peuple, la **Raison d'Espérer**.

Peuple Patron en Démocratie.

SUNGA MBOKA, Responsabilisation Citoyenne

Po mboka na biso, RDC, etombwama esengi bana ya mboka, peuple, batiya tina mingi na mokumba na bango ya kopesa mboka bakambi ya malamu. Bakambi oyo bakoyeba komema nanu bato nionso na botosi mibeko ya mboka. Nde epayi wapi nkita pe ya ekolo ekobatelama po ya kopesa misala na bana ya mboka, mingi mingi na bilenge po mosala nde ememaka mbongwana.

« Notre Raison d'Espérer réside dans notre liberté de choix collectif de la justice sociale, capacité à soutenir l'État avec des dirigeants d'une probité morale exemplaire »

JE LE FAIS AVEC L'AIDE DE DIEU.

Pour tout contact : +243 81 810 31 53

Djento BULOKI MUSUNGU
Coordonnateur de l'asbl Grand MASINA

MIX
Papier aus verantwortungsvollen Quellen
Paper from responsible sources
FSC® C105338

Printed by Books on Demand GmbH, Norderstedt / Germany